De 7 à 77 ans

Drôles D'EXPRESSIONS !

ANGLAIS - FRANÇAIS

ÉDITIONS FRANCE LOISIRS

Une Édition du Club France Loisirs, Paris,
avec l'autorisation des éditions RUE DES ECOLES
Éditions France Loisirs,
123, boulevard de Grenelle, Paris
www.franceloisirs.com

N° d'éditeur : 77719
ISBN : 978-2-298-08284-9
Dépôt légal : mai 2014

Achevé d'imprimer en Italie par NIIAG, août 2014

Cet ouvrage propose un florilège de plus de 200 locutions idiomatiques, classées par thèmes, accompagnées de leur traduction littérale et de leur équivalent en français. Certaines ont été illustrées avec humour, que ce soit en anglais ou en français, parfois dans les deux langues. Vous pourrez les retrouver facilement grâce au repère ✪.

Bonne lecture à tous !

SLEEP ON IT

Dors dessus

La nuit porte conseil

FOREWARNED IS FOREARMED

Qui est prévenu
est protégé

Un homme averti
en vaut deux

LOOK BEFORE YOU LEAP

Regarde avant
de sauter

Il faut réfléchir
avant d'agir

✪ AN OUNCE OF PREVENTION IS WORTH A POUND OF CURE

Une once de prévention vaut une livre de remède

Mieux vaut prévenir que guérir

★ WHEN IN DOUBT, DON'T

Dans le doute, abstiens-toi

✪ IT'S NO USE CRYING OVER SPILT MILK

Ça ne sert à rien de pleurer sur le lait renversé

Ce qui est fait est fait

NOT BORN YESTERDAY!

Pas né d'hier !

Pas folle, la guêpe !

ONCE BITTEN, TWICE SHY

Mordu une fois, timide la seconde fois

Chat échaudé craint l'eau froide

GRASP ALL, LOSE ALL

À vouloir tout saisir, on finit par tout perdre

Qui trop embrasse, mal étreint

THERE ARE BETTER DAYS AHEAD

Il y a des jours meilleurs à venir

Après la pluie le beau temps

NEVER SAY DIE

Ne jamais dire mourir

Tant qu'il y a de la vie, il y a de l'espoir

Il ne faut jamais désespérer

IT'S A SMALL WORLD

C'est un petit monde

Le monde est petit

ANYTHING GOES

Tout est permis

Tous les moyens sont bons

✪ TO BE AN EARLY BEDDER

Être un couche-tôt

Se coucher
avec les poules

★ THE SOONER, THE BETTER

Le plus tôt sera le mieux

★ IT'S THE LAST STRAW

C'est la dernière paille

C'est la goutte d'eau
qui fait déborder le vase

✪ SLOW BUT SURE

Lentement mais sûrement

ALL GOOD THINGS COME TO AN END

Les meilleures choses
ont une fin

ALL IS WELL THAT ENDS WELL

Tout est bien qui finit bien

ONCE AND FOR ALL, GOODBYE !

Une bonne fois pour toutes, salut !

À bon entendeur, salut !

TIME WILL TELL

Le temps le dira

Qui vivra verra

✪ TO BE ONE'S OWN SELF AGAIN

Être de nouveau soi-même

Reprendre du poil
de la bête

✪ TO FACE THE MUSIC

Faire face à la musique

Braver la tempête

★ KEEP SMILING! CHEER UP!

Garde le sourire !

Bon courage !

★ DESPERATE DISEASES REQUIRE DESPERATE REMEDIES

Les maux désespérés exigent des mesures désespérées

Aux grands maux les grands remèdes

✪ TO BUTTER SOMEBODY UP

Passer la pommade à quelqu'un

Caresser quelqu'un
dans le sens du poil

★ TO BE TRYING TO CLOUD THE ISSUE

Essayer de brouiller les pistes

Essayer de noyer le poisson

✪ GOD, MY HUSBAND!

Ciel, mon mari !

TO SPEAK BROKEN FRENCH

Parler un mauvais français

Parler français comme une vache espagnole

NO SOONER SAID THAN DONE

Aussitôt dit, aussitôt fait

IT'S ALL GREEK TO ME

Tout ça, c'est du grec pour moi

C'est de l'hébreu. C'est du chinois

★ THE SHORTER A JOKE, THE BETTER IT IS

Plus une blague est courte, meilleure elle est

Les plaisanteries les plus courtes sont toujours les meilleures

✪ MUM'S THE WORD

« Mmmm » est le mot

Motus et bouche cousue

✪ TO BE A CHATTERBOX

Être une boîte à bavardages

Être un moulin à paroles

HE WHO LAUGHS LAST LAUGHS LONGEST

Celui qui est le dernier à rire,
rit le plus longtemps

Rira bien qui rira le dernier

TO LAUGH YOUR HEAD OFF

Rire à en perdre la tête

Rire à gorge déployée

LE PARADIS ET L'ENFER

★ **TO RUN LIKE A BAT OUT OF HELL**

Courir comme une chauve-souris hors de l'enfer

Courir comme un dératé

Courir comme si on avait le diable à ses trousses

✪ **WHEN HELL FREEZES OVER**

Quand l'enfer sera gelé

À la Saint-Glinglin

Quand les poules auront des dents

★ **TO LIVE IN A FOOL'S PARADISE**

Vivre dans un paradis d'idiot

Se bercer d'illusions

✪ **SPEAK OF THE DEVIL AND HE'S SURE TO APPEAR**

Quand on parle du diable, il ne manque pas d'apparaître

Quand on parle du loup, on en voit la queue

TO HAVE A CLOSE SHAVE

Se faire raser de près

L'échapper belle

TO BE IN DIRE STRAITS

Être dans une situation désespérée

Être dans une mauvais passe
Être aux abois

IT'S NOT THAT DIFFICULT

Ce n'est pas si difficile

Ce n'est pas la mer à boire

✪ TO DRAW A BLANK

Dessiner du vide

Faire chou blanc

★ IT IS NOT WORTH IT

Ça n'en vaut pas la peine

Le jeu n'en vaut
pas la chandelle

✪ TO BE IN A FIX

Être dans le pétrin

IT MAKES NO ODDS TO ME

Cela n'a pas d'importance pour moi

Ça ne me fait ni chaud ni froid

TO GET HUFFY

Être susceptible

Prendre la mouche

WHAT'S BITING YOU?

Qu'est ce qui te mord ?

Quelle mouche te pique ?

IT'S JUST TIT FOR TAT

C'est juste du tac au tac

C'est un prêté pour un rendu

TO TAKE FRENCH LEAVE

Filer à la française

Filer à l'anglaise

TO BITE OFF MORE THAN YOU CAN CHEW

Croquer plus qu'on ne peut mâcher

Avoir les yeux plus gros que le ventre

✪ LUCKY AT CARDS, UNLUCKY IN LOVE

Heureux aux cartes,
malheureux en amour

Heureux au jeu,
malheureux en amour

★ SPARE THE ROD AND SPOIL THE CHILD

Qui n'use pas du bâton,
gâte l'enfant

Qui aime bien
châtie bien

★ SHORT RECKONINGS MAKE LONG FRIENDS

Des comptes courts font des amis de longue date

Les bons comptes font les bons amis

✪ THE MORE, THE MERRIER

Plus le nombre est grand, plus l'humeur est bonne

Plus on est de fous, plus on rit

✪ UNITED WE STAND, DIVIDED WE FALL

Unis nous tenons, divisés nous tombons

L'union fait la force

✪ TO BE BLUE

Être bleu

Broyer du noir

★ TO BE AS MISERABLE AS A SIN

Être aussi malheureux qu'un péché

Avoir le moral à zéro

✪ TO HAVE THE BLUES

Avoir le blues

Avoir le cafard

★ THE LIGHTS ARE ON BUT NO ONE IS AT HOME

Les lumières sont
allumées mais
la maison est vide

Ne pas avoir
toute sa tête

TO BE HOMESICK

Avoir le mal du pays

AN ENGLISHMAN'S HOME IS HIS CASTLE

La maison d'un Anglais
est son château

Charbonnier est maître chez soi

TO PUSH UP DAISIES

Pousser les marguerites vers le haut

Manger les pissenlits par la racine

IT'S NO PICNIC

Ce n'est pas un pique-nique

Ce n'est pas de la tarte

IT DOESN'T GROW ON TREES

Ça ne pousse pas
sur les arbres

Ça ne se trouve pas
sous les sabots
d'un cheval

A BABE IN THE WOODS

Un bébé dans les bois

Innocent comme l'agneau qui vient de naître

NOT TO LET THE GRASS GROW UNDER ONE'S FEET

Ne pas laisser pousser l'herbe sous les pieds de quelqu'un

Ne pas perdre de temps

TO GRASP THE NETTLE

Saisir l'ortie

Prendre le taureau par les cornes

TO LEAD SOMEBODY DOWN THE GARDEN PATH

Conduire quelqu'un
jusqu'au bout
de l'allée du jardin

Mener quelqu'un en bateau

LET'S NOT BEAT ABOUT THE BUSH

Ne nous battons pas autour
du buisson

Ne tournons pas autour du pot

A ROLLING STONE GATHERS NO MOSS

Pierre qui roule n'amasse pas mousse

TO BE ONE SANDWICH SHORT OF A PICNIC

Être à court d'un sandwich pour un pique-nique

Ne pas être très futé

TO BE OUT OF THE WOOD

Être hors du bois

Être sorti de l'auberge
Être tiré d'affaire

✪ TO SEE STARS

Voir des étoiles

Voir trente-six chandelles

★ TO CHASE RAINBOWS

Courir après les arcs-en-ciel

Se bercer d'illusions

✪ IT'S ALL PIE IN THE SKY

Ce sont des tartes dans le ciel

Construire des châteaux en Espagne

TO MAKE A MOUNTAIN OUT OF A MOLEHILL

Faire une montagne
d'une taupinière

S'en faire
une montagne

TO MOVE HEAVEN AND EARTH

Remuer ciel et terre

TO LOOK LIKE NOTHING ON EARTH

Ne ressembler à rien sur terre

Avoir une tête épouvantable

ONCE IN A BLUE MOON

Une fois toutes les lunes bleues

Tous les trente-six du mois

TO ASK FOR THE MOON

Demander la lune

TO BE OVER THE MOON

Être sur la lune

Être aux anges

TO BE (UP) IN THE CLOUDS

Être dans les nuages

Être dans la lune
Avoir la tête dans les nuages

TO BE IN CLOUD-CUCKOO-LAND

Être au pays des nuages
et des coucous

Être dans les nuages

Planer complétement

TO BE ON CLOUD NINE

Être sur le neuvième nuage

Être au septième ciel

IT'S AN ILL WIND THAT BLOWS NOBODY ANY GOOD

C'est un vent mauvais qui n'apporte rien de bon à personne

À quelque chose, malheur est bon

TO TAKE THE WIND OUT OF ONE'S SAILS

Prendre le vent des voiles de quelqu'un

Couper l'herbe sous le pied de quelqu'un

HE WHO SOWS THE WIND REAPS THE WHIRLWIND

Qui sème le vent, récolte la tempête

WALKING ON AIR

Marcher sur l'air

Être aux anges
Être sur un petit nuage

A STORM IN A TEA-CUP

Une tempête
dans une tasse de thé

Se noyer dans
un verre d'eau

✪ TO SKATE ON THIN ICE

Patiner sur une fine couche de glace

Marcher sur des œufs

★ NEVER SET THE THAMES ON FIRE

Ne pas avoir mis le feu à la Tamise

Ne pas avoir inventé la poudre

✪ TO BE AT A LOW EBB

Être à marée basse

Être déprimé
Être au trente-sixième dessous

✪ IT DOESN'T RAIN, BUT IT POURS

Ce n'est pas de la pluie, c'est un déluge

Un malheur n'arrive jamais seul

✪ THE WEATHER IS LOUSY

Le temps est mauvais

Il fait un temps de chien

I COULD DO IT STANDING ON MY HEAD

Je pourrais le faire debout sur ma tête

Simple comme bonjour

OVER MY HEAD

Par-dessus ma tête

C'est trop compliqué pour moi
Ça me dépasse

OUT OF SIGHT, OUT OF MIND

Loin des yeux, loin de l'esprit

Loin des yeux, loin du cœur

✪ TO SPLIT HAIRS

Fendre les cheveux

Chercher la petite bête
Couper les cheveux
en quatre

★ TO HAVE A FACE AS LONG AS A FIDDLE

Avoir un visage long
comme un violon

Faire une tête
de six pieds de long

Avoir une mine allongée

✪ MY EARS ARE RINGING

Mes oreilles sonnent

Avoir les oreilles qui sifflent

TO BE SOAKED TO THE SKIN

Être trempé jusqu'à la peau

Être trempé jusqu'aux os

BY THE SKIN OF TEETH

Par la peau des dents

Il s'en est fallu d'un cheveu

TO HAVE THE NOSE TO THE GRINDSTONE

Avoir le nez dans la meule à aiguiser

Travailler sans relâche

TO BE A PAIN IN THE NECK

Être une douleur dans le cou

Être casse-pieds

NOT TO BE WET BEHIND THE EARS

Ne pas être mouillé
derrière les oreilles

Ne pas être né
de la dernière pluie

TO PUT YOUR SHOULDER TO THE WHEEL

Mettre son épaule
à la roue

Mettre la main
à la pâte

TO TWIST SOMEONE'S ARM

Tordre le bras de quelqu'un

Forcer la main à quelqu'un

TO COST AN ARM AND A LEG

Coûter un bras et une jambe

Coûter les yeux de la tête

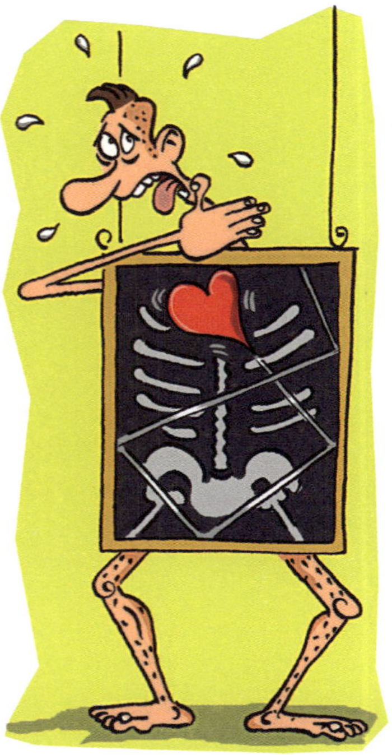

MY HEART LEAPT INTO MY THROAT

Mon cœur a bondi dans ma gorge

Mon sang n'a fait qu'un tour

TO FIGHT HAND TO HAND

Lutter main à main

Lutter au corps à corps

HAND IN HAND

Main dans la main

TO CATCH SOMEBODY RED-HANDED

Attraper quelqu'un avec les mains rouges

Prendre quelqu'un la main dans le sac

★ TO BE HAND IN GLOVE

Être comme la main dans le gant

Être comme les deux doigts de la main

✪ TO TWIST SOMEBODY AROUND YOUR (LITTLE) FINGER

Entortiller quelqu'un autour de son (petit) doigt

Mener quelqu'un par le bout du nez

✪ TO HAVE A FINGER IN EVERY PIE

Avoir un doigt dans chaque tarte

Mettre son nez partout

MY FOOT!

Mon pied !

Mon œil !

TO PULL SOMEONE'S LEG

Tirer la jambe de quelqu'un

Faire marcher quelqu'un

TO TAKE TO ONE'S HEELS

S'enfuir sur ses talons

Prendre ses jambes à son cou

✪ TO HAVE GOT TWO LEFT FEET

Avoir deux pieds gauches

Être maladroit

★ TO DRAG ONE'S HEELS

Traîner ses talons

Faire preuve de mauvaise volonté

Traîner les pieds

✪ I'M ASLEEP ON MY FEET

Je dors sur mes pieds

Je tombe de sommeil

Je dors debout

TO PULL THE RUG UNDER SOMEBODY'S FEET

Retirer le tapis sous les pieds de quelqu'un

Couper l'herbe sous les pieds de quelqu'un

TO CUT THE GROUND FROM UNDER SOMEBODY'S FEET

Couper l'herbe sous les pieds de quelqu'un

HEADS OR TAILS?

Les têtes ou les queues ?

Pile ou face ?

✪ TO WEAR THE TROUSERS

Porter le pantalon

Porter la culotte

✪ TO PULL YOUR SOCKS UP

Remonter
ses chaussettes

Se retrousser les manches
Se remuer

★ TO HAVE MORE THAN ONE TRICK UP ONE'S SLEEVE

Avoir plus d'un tour
dans sa manche

Avoir plus d'un tour
dans son sac

✪ TO BE DRESSED TO KILL

Être habillé pour tuer

Être sur son trente et un

★ TO BE DRESSED UP TO THE NINES

Être habillé à la perfection

Être sur son trente et un

✪ TO BE DRESSED UP LIKE A DOG'S DINNER

Être habillé comme le dîner d'un chien

Être tiré à quatre épingles

✪ TO CATCH SOMEONE WITH THEIR TROUSERS DOWN

Attraper quelqu'un avec le pantalon baissé

Surprendre quelqu'un en flagrant délit

★ TO PUT IN SOMEONE'S SHOES

Mettre les chaussures de quelqu'un

Se mettre à la place de quelqu'un

✪ CLOTHES DON'T MAKE THE MAN

Les habits ne font pas l'homme

L'habit ne fait pas le moine

✪ OLD HAT!

Vieux chapeau !

Vieux jeu !

✪ I WILL EAT MY HAT!

Je mangerai mon chapeau !

Je veux bien être pendu !

TO BE NUTS

Être fou

Être marteau
Être toqué

HE'S A BAD EGG

C'est un mauvais œuf

C'est un sale type

TO BE FULL OF BEANS

Être plein de haricots

Péter le feu
Avoir la pêche

YOU CAN'T HAVE YOUR CAKE AND EAT IT

On ne peut pas avoir
le gâteau et le manger

On ne peut pas avoir
le beurre et l'argent
du beurre

ONE MAN'S MEAT IS ANOTHER'S POISON

La viande d'un homme
est un poison pour l'autre

Le bonheur des uns fait
le malheur des autres

LIFE IS A BOWL OF CHERRIES

La vie est un bol
de cerises

Voir la vie en rose

La vie est un long
fleuve tranquille

TO HAVE/TO END UP WITH/EGG ON ONE'S FACE

Finir avec de l'œuf sur la figure

Se couvrir de ridicule

✪ TO SPILL THE BEANS

Renverser les haricots

Révéler le pot aux roses

Vendre la mèche

Se mettre à table

Cracher le morceau

★ TO SAVE ONE'S BACON

Sauver son lard

Éviter la catastrophe
Se tirer d'affaire

✪ HE'S A GOOD EGG

C'est un bon œuf

C'est un brave type

✪ TO BE IN THE SOUP

Être dans la soupe

Être dans le pétrin

★ TO BE LIKE TWO PEAS IN A POD

Être comme deux pois dans une cosse

Se ressembler comme deux gouttes d'eau

★ IT'S NOT WORTH A BEAN

Ça ne vaut pas un haricot

Ça ne vaut pas un clou

✪ TO BE AS COOL AS A CUCUMBER

Être détendu comme un concombre

Être d'un calme olympien

IT'S A PIECE OF CAKE

C'est un morceau de gâteau

C'est du gâteau

C'est un jeu d'enfant

THAT TAKES THE CAKE/ THE BISCUIT!

Ça remporte le gâteau/ le biscuit !

C'est le bouquet !

★ IT'S THE ICING ON THE CAKE

C'est le glaçage sur le gâteau

C'est la cerise sur le gâteau

✪ SAY « CHEESE »

Dites « fromage »

Souriez
Dites « Ouistiti »

★ TO BRING HOME THE BACON

Rapporter le lard
à la maison

Décrocher le gros lot

✪ TO HAVE GOT A LOT ON MY PLATE

En avoir beaucoup dans son assiette

Avoir du pain sur la planche

✪ STRIKE WHILE THE IRON IS HOT

Il faut battre le fer pendant qu'il est chaud

★ PRACTICE MAKES PERFECT

Avec la pratique, vient la perfection

C'est en forgeant qu'on devient forgeron

✪ THE COBBLER SHOULD STICK TO HIS LAST

Le cordonnier doit s'en tenir à son conformateur

À chacun son métier

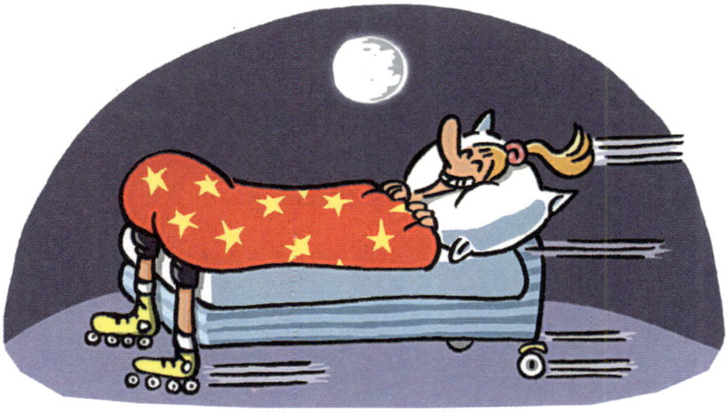

✪ IT WORKED LIKE A DREAM

Ça s'est passé comme dans un rêve

Ça a marché comme sur des roulettes

★ TO BE VERY SLAPDASH WITH ONE'S WORK

Travailler à la va-vite

Faire son travail par-dessous la jambe

★ LET'S GET DOWN TO BUSINESS

Mettons-nous au travail

Passons aux choses sérieuses

✪ TO BE WORKSHY

Être paresseux

Avoir un poil dans la main

MONEY TALKS

L'argent parle

L'argent fait la loi

MONEY CAN'T BUY HAPPINESS

L'argent ne peut pas acheter le bonheur

L'argent ne fait pas le bonheur

TO COST A PRETTY PENNY

Coûter un joli penny

Coûter les yeux de la tête

AT HER MAJESTY'S EXPENSE

Aux frais
de Sa Majesté

Aux frais
de la princesse

TO BUY THIS FOR NEXT TO NOTHING

Acheter cela
pour presque rien

Acheter cela
une bouchée de pain

TO SLEEP AS A LOG

Dormir comme une bûche

Dormir sur ses deux oreilles

Dormir comme une souche, comme un loir

TO BE AS NEAT AS A PIN

Être aussi net qu'une épingle

Être propre comme un sou neuf

TO BE AS SOUND AS A BELL

Être solide comme une cloche

Se porter comme un charme

TO BE AS HARD AS NAILS

Être dur comme les clous

Être sans cœur

IT'S IN THE BAG

C'est dans le sac

C'est dans la poche

TO BE AS THICK AS A BRICK

Être épais comme une brique

Être bête comme ses pieds

Avoir la comprenette difficilette

THAT RINGS A BELL

Ça sonne une cloche

Ça me rappelle quelque chose

TO SIT ON THE FENCE

Être assis sur la clôture

Ménager la chèvre et le chou

TO HEAR A PIN DROP

Entendre une épingle tomber

Entendre une mouche voler

TO HAVE PINS AND NEEDLES

Avoir des épingles
et des aiguilles

Avoir des fourmis
(dans les jambes)

★ **TO SWEEP UNDER THE CARPET**

Balayer sous le tapis

Se débarrasser d'un problème en faisant semblant de l'avoir résolu

Mettre la poussière sous le tapis

✪ **LET'S CALL A SPADE A SPADE**

Appeler une bêche une bêche

Appeler un chat un chat

✪ **TO BE CLEAN AS A WHISTLE**

Être propre comme un sifflet

Être irréprochable

YOU COULD HAVE KNOCKED ME DOWN WITH A FEATHER

Vous auriez pu me renverser avec une plume

Les bras m'en tombent

TO BE IN SOMEBODY'S GOOD BOOKS

Être dans les bons livres de quelqu'un

Être dans les petits papiers de quelqu'un

BETWEEN YOU, ME AND THE LAMP-POST

Entre vous, moi et le réverbère

Entre nous
De vous à moi

A NEW BROOM SWEEPS CLEAN

Un balai neuf
balaie bien

Tout nouveau,
tout beau

OUT OF THE FRYING PAN INTO THE FIRE

Hors de la poêle à frire et dans le feu

Être pris entre deux feux

IT IS AS EASY AS FALLING OFF A LOG

C'est aussi simple
que de tomber
d'une souche

C'est simple
comme
bonjour

✪ TO HAVE A FROG IN YOUR THROAT

Avoir une grenouille dans la gorge

Avoir un chat dans la gorge

✪ TO BE LIKE A BEAR WITH A SORE HEAD

Être comme un ours avec une migraine

Ne pas être à prendre avec des pincettes

★ I SMELT A RAT AT ONCE

J'ai tout de suite reniflé un rat

Flairer quelque chose de louche

Flairer l'embrouille

★ THERE IS A SNAKE IN THE GRASS

Il y a un serpent dans l'herbe

Il y a anguille sous roche

IT'S THE LAST STRAW THAT BROKE THE CAMEL'S BACK

C'est la dernière paille qui brise le dos du chameau

C'est la goutte d'eau qui fait déborder le vase

BRASS MONKEY WEATHER

Il fait un froid à geler un singe en cuivre

Il fait un froid de canard

AS WELCOME AS A SKUNK AT A LAWN PARTY

Aussi bienvenu qu'un putois à une garden-party

Comme un chien dans un jeu de quilles

TO KILL TWO BIRDS WITH ONE STONE

Tuer deux oiseaux d'une seule pierre

Faire d'une pierre deux coups

A BIRD IN THE HAND IS WORTH TWO IN THE BUSH

Un oiseau dans la main vaut mieux que deux dans le buisson

Un « tiens » vaut mieux que deux « tu l'auras »

TO BE AN EARLY BIRD

Être un oiseau lève-tôt

Être (un) lève-tôt

THE EARLY BIRD CATCHES THE WORM

L'oiseau du matin attrape le ver

L'avenir appartient
à ceux qui se lèvent tôt

A LITTLE BIRD TOLD ME

Un petit oiseau me l'a dit

Mon petit doigt m'a dit...

BIRDS OF A FEATHER FLOCK TOGETHER

Les oiseaux de même plumage se rassemblent

Qui se ressemble s'assemble

IT'S A FUNNY BIRD

C'est un drôle d'oiseau

C'est un drôle de type

IT'S NOT MY PIGEON

Ce n'est pas mon pigeon

Ce ne sont pas mes histoires

Ce ne sont pas mes oignons

TO RISE/ TO GET UP/ WITH THE LARK

Se lever avec l'alouette

Se lever au chant du coq

✪ TO HAVE BATS IN THE BELFRY

Avoir des chauves-souris dans le beffroi

Avoir une araignée au plafond

★ TO HAVE BUTTERFLIES IN THE STOMACH

Avoir des papillons dans le ventre

Avoir le trac

✪ TO BE AS BLIND AS A BAT

Être aveugle comme une chauve-souris

Être myope comme une taupe

✪ I WISH I WERE A FLY ON THE WALL

J'aimerais être une mouche sur le mur

J'aimerais être une petite souris

✪ THERE ARE NO FLIES ON HIM

Il n'y a pas de mouches sur lui

Il n'est pas né de la dernière pluie
C'est un malin

★ AS THE CROW FLIES

Comme le corbeau vole

À vol d'oiseau

✪ TO HAVE A BEE IN YOUR BONNET

Avoir une abeille dans le chapeau

Avoir une idée fixe

★ TO BE AS BUSY AS A BEE

Être occupé comme une abeille

Être très occupé

✪ TO HAVE GOT ANTS IN HIS PANTS

Avoir des fourmis dans le pantalon

Ne pas tenir en place

★ TO BE KNEE-HIGH TO A GRASSHOPPER

Arriver aux genoux d'une sauterelle

Être haut comme trois pommes

✪ TO STIR UP A HORNET'S NEST

Réveiller un nid de frelons

Soulever un lièvre

★ THINK YOU'RE THE BEE'S KNEES

Se prendre pour les genoux de l'abeille

Se croire sorti de la cuisse de Jupiter

✪ TO BE AS SNUG AS A BUG IN A RUG

Être au chaud comme
un insecte dans le tapis

Être comme un coq en pâte

★ TO PUT A BUG IN THE EAR

Mettre la puce
à l'oreille

TO FEED THE FISHES

Nourrir
les poissons

Se noyer

HE'S A QUEER FISH

C'est un drôle de poisson

C'est un drôle de type

NEITHER FISH NOR FOWL

Ni poisson ni gibier

Mi-figue, mi-raisin

★ TO BE HAPPY AS A CLAM AT HIGH TIDE

Être heureux comme une palourde à marée haute

Être heureux comme un roi

✪ THERE ARE PLENTY OF FISH IN THE SEA

Il y a beaucoup de poissons dans la mer

Un de perdu, dix de retrouvés

★ THAT'S A DIFFERENT KETTLE OF FISH

C'est une autre bouilloire de poisson

C'est une autre paire de manches

✪ TO HAVE OTHER FISH TO FRY

Avoir d'autres poissons à frire

Avoir d'autres chats à fouetter

✪ WHEN PIGS MIGHT FLY

Quand les cochons pourront voler

Quand les poules auront des dents

★ TO GO THE WHOLE HOG

Acheter le cochon entier

Ne pas faire les choses à moitié

✪ NOT BE HAPPY BUNNY

Ne pas être
un lapin heureux

Être malheureux

A CHICKEN AND EGG PROBLEM

Le problème de l'œuf et de la poule

CHICKEN OUT

Se retirer comme un poulet

Se dégonfler

TO BE CHICKEN

Être un poulet

Être une poule mouillée

DON'T COUNT YOUR CHICKENS BEFORE THEY ARE HATCHED

Ne pas compter
vos poulets avant
qu'ils n'aient éclos

Ne pas vendre la peau
de l'ours avant de l'avoir tué

TO TALK TURKEY

Parler la dinde

Parler franchement

TO HAVE GOOSEFLESH/ TO HAVE GOOSE PIMPLES

Avoir la chair d'oie
Avoir des boutons d'oie

Avoir la chair de poule

TO COOK SOMEONE'S GOOSE

Cuire l'oie
de quelqu'un d'autre

Rouler quelqu'un

✪ HE WOULDN'T SAY BOO TO A GOOSE

Il ne dirait pas « boo » à une oie

C'est un grand timide

★ TO RUN A WILD GOOSE CHASE

Pourchasser l'oie sauvage

Chercher midi à quatorze heures

✪ HOLD YOUR HORSES!

Retenez vos chevaux !

Minute papillon !

✪ DON'T PUT THE CART BEFORE THE HORSE

Ne pas mettre la charrue avant le cheval

Ne pas mettre la charrue avant les bœufs

★ I GOT IT STRAIGHT FROM THE HORSE'S MOUTH

Je le tiens directement de la bouche du cheval

Je le tiens de source sûre

✪ TO GET (UP) ON ONE'S HIGH HORSE

Monter sur son grand cheval

Monter sur ses grands chevaux

✪ THAT'S A HORSE OF DIFFERENT COLOR

C'est un cheval
d'une couleur différente

C'est une autre
paire de manches

V'la autre chose

✪ TO EAT LIKE A HORSE

Manger comme
un cheval

Manger comme quatre
Manger comme un ogre

★ TO TAKE THE BULL BY THE HORNS

Prendre le taureau
par les cornes

✪ TO TELL A COCK AND BULL STORY

Raconter une histoire
de coq et de taureau

Raconter des histoires
à dormir debout

★ TO HIT THE BULL'S EYE

Frapper dans l'œil du bœuf

Faire mouche

✪ TO SEPARATE THE SHEEP FROM THE GOAT

Séparer les moutons
des chèvres

Ne pas mélanger les torchons
et les serviettes

✪ TO WAIT TO SEE WHICH WAY THE CAT JUMPS

Attendre pour voir de quel côté le chat va sauter

Attendre de voir la tournure des événements

★ TO SET THE CAT AMONG THE PIGEONS

Installer le chat au milieu des pigeons

Mettre le loup dans la bergerie

✪ CURIOSITY KILLED THE CAT

La curiosité a tué le chat

La curiosité est un vilain défaut

★ THINK YOU'RE THE CAT'S WHISKERS

Se prendre pour les moustaches du chat

Se prendre pour le nombril du monde

✪ A CAT-LICK

Un coup de langue de chat

Une toilette de chat

★ THE LEOPARD CAN NEVER CHANGE ITS SPOTS

Le léopard ne peut pas changer ses taches

Chassez le naturel, il revient au galop

IT'S RAINING CATS AND DOGS

Il pleut des chats et des chiens

Il tombe des cordes
Il pleut à verse

TO LET THE CAT OUT OF THE BAG

Laisser le chat sortir du sac

Vendre la mèche

TO BE LIKE A CAT ON HOT BRICKS

Être comme un chat
sur des briques chaudes

Être sur des charbons ardents

BEWARE OF THE DOG

Méfiez-vous du chien

Chien méchant

TO BE TOP DOG

Être le chien du dessus

Avoir le dessus
Être le chef

IT'S DOG EAT DOG IN THIS WORLD

Les chiens se mangent entre eux dans ce monde

L'homme est un loup pour l'homme

A DOG'S LIFE

Une vie de chien

MIGHT IS RIGHT

La force prime sur le droit

La raison du plus fort
est toujours la meilleure

TO BE SCAPEGOAT

Être le bouc émissaire

Être la tête de Turc

LET ME DO THE HONOURS

Laissez-moi faire
les présentations

D'AUTRES EXPRESSIONS

IT WENT DOWN SMOOTHLY

C'est passé en douceur

C'est passé comme
une lettre à la poste

TO BE FED UP

Être rassasié

En avoir ras le bol

En avoir assez

A RED LETTER DAY

Un jour de lettre rouge

Un jour à marquer
d'une pierre blanche

THE DIE IS CAST

Les dés sont jetés

Les jeux sont faits

IT'S SIX OF ONE AND HALF A DOZEN OF THE OTHER

C'est six de l'un
et une demi-douzaine
de l'autre

C'est bonnet blanc
et blanc bonnet

SUCH IS LIFE!

C'est la vie !

IT'S CRYSTAL CLEAR

C'est clair comme du cristal

C'est clair comme de l'eau de roche

TO BE AS BROAD AS IT IS LONG

C'est aussi large que long

C'est du pareil au même

NOT TO DO ANYTHING BY HALVES

Ne rien faire à moitié

WHAT A BORE!

Quel ennui !

La barbe !

GET OFF MY BACK!

Descends de mon dos !

Laisse-moi tranquille !

PAX!

Pouce !

BY LEAPS AND BOUNDS

Par sauts et par bonds

À pas de géant

LAST BUT NOT LEAST

Le dernier mais non le moindre

Dernier point,
mais non des moindres

TO KNOW THROUGH AND THROUGH

Savoir de long en long

Connaître par cœur

INDEX FRANCAIS/ANGLAIS

A

INDEX FRANCAIS/ANGLAIS

INDEX FRANCAIS/ANGLAIS

INDEX FRANCAIS/ANGLAIS

INDEX FRANCAIS/ANGLAIS

M

INDEX FRANCAIS/ANGLAIS

INDEX FRANCAIS/ANGLAIS

1 TROUVE LES EXPRESSIONS FRANÇAISES ÉQUIVALENTES :

To push up daisies ____________________

To be like two peas in a pod ____________________

A little bird told me ____________________

Birds of a feather flock together ____________________

2 ASSOCIE CHAQUE EXPRESSION À SON ILLUSTRATION :

①

②

③

④

a) To be as snug as a bug in a rug ________

b) Strike while the iron is hot ________

c) Pie in the sky ________

d) To draw a blank ________

3 DONNE LA TRADUCTION LITTÉRALE DES EXPRESSIONS SUIVANTES :

To have other fish to fry ____________________

To split hairs ____________________

To cost an arm and a leg ____________________

To have pins and needles ____________________

4 COMPLÈTE CES EXPRESSIONS CONCERNANT LES ALIMENTS :

It's no use crying over split ________________

Life is a bowl of ________________

You can't have your ________________ and eat it

- cherries
- cake
- milk

5 TROUVE LA FIN DES PHRASES QUI CONVIENT :

Forewarned •	• is the word
Mum •	• is right
An Englishman's home •	• is forearmed
Might •	• is his castle

6 TRADUIS CES PHRASES :

Quelle mouche te pique ? ________________________________

Parler français comme une vache espagnole ________________

Ce n'est pas la mer à boire ______________________________

7 TROUVE DEUX EXPRESSIONS POUR DIRE :

Bon courage !

____

____

8 RETROUVE LE BON MOT :

It's the last bean/bird/straw

Spare the rod and spoil the teacher/child/dog

To be miserable as a sin/nettle/moss

9 RELIE CHAQUE EXPRESSION À SON ÉQUIVALENT EN FRANÇAIS :

It's a piece of cake •	• C'est dans la poche
A storm in a tea-cup •	• Mon œil !
It's in the bag •	• C'est du gâteau
My foot! •	• Se noyer dans un verre d'eau

10 PLACE LES MOTS DANS LE BON ORDRE ET RETROUVE L'EXPRESSION FRANÇAISE CORRESPONDANTE :

STARS/SEE/TO ______________________

Équivalent français : ______________________

ME/IT/ALL/GREEK/IS/TO ______________________

Équivalent français : ______________________

LEAVE/TO/FRENCH/TAKE ______________________

Équivalent français : ______________________

CARDS/AT/LOVE/LUCKY/IN/UNLUCKY ______________________

Équivalent français : ______________________

11 TROUVE LA FIN DES PHRASES QUI CONVIENT :

Short reckonings •	• nor fowl
United we stand •	• the better it is
The shorter a joke •	• make long friends
Neither fish •	• divided we fall

12 ASSOCIE CHAQUE EXPRESSION À SON THÈME :

To be in the soup •	• Le sommeil
To be over the moon •	• La difficulté
I'm asleep on my feet •	• Le bonheur

13 ASSOCIE CHAQUE EXPRESSION À SON ILLUSTRATION ET RETOUVE L'EXPRESSION FRANÇAISE ÉQUIVALENTE :

①

②

③

④

a) To be as hard as nails _____

b) To skate on thin ice _____

c) To have a close shave _____

d) The weather is lousy _____

14 VRAI OU FAUX ?

To face music = to face tempest Vrai ❑ Faux ❑

Slow but sure = to hurry up ! Vrai ❑ Faux ❑

15 COMPLÈTE CES EXPRESSIONS CONCERNANT LES ALIMENTS :

To be full of •	• cheese
To save one's •	• bacon
That takes the •	• biscuit
Say •	• beans

16 REMETS LES MOTS DANS LE BON ORDRE ET RETROUVE LE PROVERBE EN FRANÇAIS :

TO/HAND/IN/BE/GLOVE ____________________

Équivalent français : ____________________

THE FENCE/SIT/TO/ON ____________________

Équivalent français : ____________________

A SPADE/LET'S/A SPADE/CALL ____________________

Équivalent français : ____________________

PIGS/WHEN/FLY/MIGHT ____________________

Équivalent français : ____________________

17 COCHE L'EXPRESSION QUI SIGNIFIE « AVOIR LA CHAIR DE POULE » :

- To have gooseflesh ❑
- To walk on eggshells ❑
- To cost a pretty penny ❑

18 COMPLÈTE CES EXPRESSIONS CONCERNANT LES DIFFÉRENTES PARTIES DU CORPS :

My ______ are ringing
He took to his ______
______ or tails?

- heels
- heads
- ears

19 ASSOCIE CHAQUE EXPRESSION À SON ILLUSTRATION :

①

②

③

④

a) My foot! ______
b) Mum's the word ______
c) Let me do the honours ______
d) To be as blind as a bat ______

20 TROUVE L'EXPRESSION QUI SIGNIFIE « C'EST LA VIE ! » :

What a bore! ❑
Get off my back! ❑
Such is life! ❑

21 UTILISE LES MOTS SUIVANTS POUR COMPLÉTER LES PHRASES :

horse, trousers, beans, cucumber, finger, money, bull, whiskers.

ET RETROUVE L'ÉQUIVALENT IDIOMATIQUE :

1) To catch someone with their ________ down

____

2) To be cool as a ________

____

3) To have a ________ in every pie

____

4) ________ talks

____

5) I got straight from the ________'s mouth

____

6) To tell a cock and ________ story

____

7) Think you are the cat's ________

____

8) To be full of ________

____

- ❑ Mettre son nez partout
- ❑ L'argent fait la loi
- ❑ Raconter des histoires à dormir debout
- ❑ Se prendre pour le nombril du monde
- ❑ Avoir la pêche
- ❑ Être d'un calme olympien
- ❑ Surprendre quelqu'un en flagrant délit
- ❑ Je le tiens de source sûre

22 RELIE LES EXPRESSIONS À L'ANIMAL QUI LUI CORRESPOND :

As welcome as a ______ at a lawn party	bee
It's the last straw that broke the ______'s back	bug
To kill two ______ with one stone	flies
There are no ______ on him	ants
He has got ______ in its pants	birds
To have a ______ in your bonnet	camel
To be as snug as a ______ in a rug	skunk

23 QUIZ

Comment traduis-tu « Laisse-moi tranquille » ? ____________________

Quelle expression fait référence à l'accessoire d'un arbitre ?

____

Comment traduis-tu « Appeler un chat un chat » ? ____________________

24 RETROUVE LES DEUX EXPRESSIONS AYANT LE MÊME THÈME :

Slow but sure	L'argent
To be like two peas in a pod	
It's raining cats and dogs	La ressemblance
Brass monkey weather	
The sooner, the better	La météo
Money talks	
At Her Majesty's expense	Le temps qui passe
Birds of a feather flock together	

25 À QUELLE EXPRESSION APPARTIENT CHAQUE DESSIN ?

①

②

③

④

a) The more the merrier _____

b) To be out of the wood _____

c) He who sows the wind
reaps the whirlwind _____

d) To be homesick _____

SOLUTIONS

1 Manger les pissenlits par la racine

Se ressembler comme deux gouttes d'eau

Mon petit doigt m'a dit

Qui se ressemble s'assemble

2

d) To draw a blank

b) Strike while the iron is hot

c) Pie in the sky

a) To be as snug as a bug in a rug

3 Avoir d'autres poissons à frire

Fendre les cheveux

Coûter un bras et une jambe

Avoir des épingles et des aiguilles

4

It's no use crying over split milk

Life is a bowl of cherries

You can't have your cake and eat it

5 Forewarned is forearmed

Mum is the word

An Englishman's home is his castle

Might is right

6 Quelle mouche te pique ?

What's biting you?

Parler français comme une vache espagnole

To speak broken French

Ce n'est pas la mer à boire

It's not that difficult

7 Cheer up!

Keep smiling!

8 It's the last straw

Spare the rod and spoil the child

To be miserable as a sin

9 It's a piece of cake → C'est du gâteau

A storm in a tea-cup → Se noyer dans un verre d'eau

It's in the bag → C'est dans la poche

My foot! → Mon œil !

SOLUTIONS

10 To see stars → Voir trente-six chandelles

It is all Greek to me → C'est du chinois pour moi

To take French leave → Filer à l'anglaise

Lucky at cards unlucky in love → Heureux au jeu, malheureux en amour

11 Short reckonings make long friends

United we stand divided we fall

The shorter a joke the better it is

Neither fish nor fowl

12 To be in the soup → La difficulté

To be over the moon → Le bonheur

I'm asleep on my feet → Le sommeil

13

b) To skate on ice

Marcher sur des œufs

d) The weather is lousy

Il fait un temps de chien

SOLUTIONS

a) To be as hard as nails

Être sans cœur

c) To have a close shave

L'échapper belle

14 To face music = to face tempest ➜ Vrai

Slow but sure = to hurry up ! ➜ Faux

15 To be full of beans

To save one's bacon

That takes the biscuit

Say cheese

16 To be hand in glove ➜ Être comme les deux doigts de la main

To sit on the fence ➜ Ménager la chèvre et le chou

Let's call a spade a spade ➜ Appeler un chat un chat

When pigs might fly ➜ Quand les poules auront des dents

SOLUTIONS

17 Avoir la chair de poule → To have gooseflesh

18 My ears are ringing

He took to his heels

Heads or tails?

19

a) My foot!

c) Let me do the honours

b) Mum's the word

d) To be as blind as a bat

20 C'est la vie ! → Such is life!

21 1. To catch someone with their trousers down

Surprendre quelqu'un en flagrant délit

2. To be as cool as a cucumber

Être d'un calme olympien

3. To have a finger in every pie

Mettre son nez partout

4. Money talks

L'argent fait la loi

5. I got it straight from the horse's mouth

Je le tiens de source sûre

6. To tell a cock and bull story

Raconter des histoires à dormir debout

7. Think you're the cat's whiskers

Se prendre pour le nombril du monde

8. To be full of beans

Avoir la pêche

22

As welcome as a skunk at a lawn party

It's the last straw that broke the camel's back

To kill two birds with one stone

There are no flies on him

He has got ants in its pants

To have a bee in your bonnet

To be as snug as a bug in a rug

23 Get off my back!

To be clean as a whistle

Let's call a spade a spade

24 L'argent → Money talks – At Her Majesty's expense

La ressemblance → To be like two peas in a pod – Birds of a feather flock together

La météo → Brass monkey weather – It's raining cats and dogs

Le temps à venir → The sooner, the better – Slow but sure

25

b) To be out of the wood

d) To be homesick

a) The more the merrier

c) He who sows the wind reaps the whirlwind

TABLE DES MATIÈRES